Cómo Responder a . . . LAS NUEVAS RELIGIONES "CRISTIANAS"

Philip H. Lochhaas

Traducción por:
Steven y Cristel Andrews
Guatemala

Las citas bíblicas han sido tomadas de la
Santa Biblia, © 1960 Sociedades Bíblicas
en América Latina.

Editorial Concordia, San Luis, Misurí
Propiedad Literaria © 1979 Editorial Concordia
Impreso en los Estados Unidos de Norteamérica

Preámbulo a la Serie de Respuestas

El índice de la Opinión Gallup sobre religión en América, 1977–78, dice que "la búsqueda está en camino". Personas de todas edades están buscando un sentido más profundo para sus vidas. "Existe nueva evidencia de una experimentación espiritual considerable y creciente, un nuevo interés por los cultos y el misticismo". Es por esto que las estadísticas indican que uno de cada ocho americanos está comprometido en alguna clase de religión experimental, la cual incluye los cultos, el misticismo, y las religiones orientales.

Esta "búsqueda" ha dado como resultado un incremento continuo en el número de cultos, sectas, y nuevos movimientos religiosos contemporáneos; y con este crecimiento, se hace necesario ayudar a la gente cristiana a entender y responder. Esta necesidad fue expresada por primera vez por la Iglesia Luterana—Sínodo de Misurí cuando se reunió en convención nacional en Anaheim, California en julio de 1975. En respuesta a la petición de esa convención, la Junta para Evangelismo desarrolló "Las Serie de Respuestas", una serie de folletos, que incluye un folleto base, el cual trata acerca de Los Cultos, y cinco folletos que tratan sobre movimientos religiosos específicos. Fueron editados por primera vez en 1977 y han sido muy populares tanto en la Iglesia Luterana—Sínodo de Misurí como entre otros cristianos interesados.

La serie fue planeada para que se pueda extender e incluir a otros grupos además de los que han sido tratados en la primera edición. Ahora es posible agregar dos más, Las Nuevas Religiones "Cristianas" y Las Religiones Orientales. Si continúa la necesidad y popularidad de la serie, se agregarán otros libros en el futuro.

La intención es que los libros sean usados en dos formas. Pueden ser leídos y estudiados por un individuo que esté enfrentando la necesidad específica de saber más sobre algún movimiento, o pueden ser estudiados en una clase bíblica o grupo de estudio.

Los movimientos religiosos contemporáneos son en su mayoría muy evangélicos, tratando de convertir a todo el que esté dispuesto a oír. El propósito de esta serie es ayudar a los cristianos a responder a esos acercamientos, proveyéndolos de información acerca del culto, comparando su enseñanza con la fe cristiana y sugiriendo formas de compartir el Evangelio de Jesucristo como Salvador y Señor. Se espera que esta respuesta pueda siempre descansar en el espíritu de las palabras de San Pedro, quien dijo, "y estad siempre preparados para presentar defensa con mansedumbre y reverencia ante todo el que os demanda razón de la esperanza que hay en vosotros" (1 Pedro 3:15).

Erwin J. Kolb
Junta para Evangelismo
Iglesia Luterana—Sínodo de Misurí

Prefacio del Editor

El Reverendo Philip H. Lochhaas se graduó en 1948 del Seminario Concordia, San Luis, Misurí, y está sirviendo actualmente en la Iglesia Luterana—Sínodo de Misurí como secretario ejecutivo de la Comisión sobre Organizaciones. En su capacidad, el Reverendo Lochhaas recibe anualmente más de 12,000 consultas relacionadas con varias organizaciones religiosas. En años recientes, más de la mitad de estas consultas han solicitado información sobre las "nuevas religiones", tanto de aquellas que se llaman "cristianas" como de las expresiones occidentales de religiones orientales.

Además de las responsabilidades arriba mencionadas, el Reverendo Lochhaas ha dado conferencias extensamente y escrito muchos artículos sobre varios movimientos y organizaciones religiosos.

Sumado a su experiencia y habilidad en el área de movimientos y organizaciones religiosos, el Reverendo Lochhaas sirvió por 17 años como pastor de una parroquia en Oklahoma.

En este folleto, el Reverendo Lochhaas no sólo explica muchas de las "Nuevas Religiones Cristianas", sino que da al lector información de fondo sobre las condiciones en la sociedad en que estas religiones se arraigan y crecen. También hace una lista de características comunes ("marcas") de las "nuevas religiones". Después de describir las enseñanzas y desarrollo de muchas de las nuevas religiones, el Reverendo Lochhaas provee a sus lectores de evaluaciones de la religiones, basadas y fundadas en las enseñanzas de la Palabra de Dios. La sección sobre cómo responder a la gente involucrada en las "Nuevas Religiones" es de mayor ayuda y práctica para los feligreses, los padres y el pastor.

David W. Hoover
Junta de Misiones
Secretario para los Servicios de Mantenimiento de
Misiones
La Iglesia Luterana—Sínodo de Misurí

Contenido

Introducción

Empezó en los años de 1960—una inquietud a través de América, un descontento creciente con las cosas como estaban. El país estaba involucrado en una guerra impopular. Parecía que poco o ningún progreso se estaba haciendo en resolver los problemas de discriminación racial, pobreza, y abusos de derechos civiles. Por un tiempo demasiado largo, una gran parte de la sociedad americana había navegado confortablemente en la prosperidad que siguió a la Segunda Guerra Mundial. Se había desarrollado una apatía—el tipo de apatía que ni reconoce ni se preocupa de que problemas existen. Unos cuantos políticos y líderes sociales empezaron a gritar por más involucramiento ciudadano en resolver las injusticias y desigualdades en la sociedad. Sus gritos no fueron oídos, en su mayor parte, excepto por la juventud del país. Con su idealismo y optimismo natural, la gente joven en muchos recintos universitarios respondieron al llamamiento a involucrarse. Dieron su apoyo a "activistas" aspirantes a puestos políticos, pero la mayoría de las veces, sin ningún provecho.

Para principios de los años 1970, empezó a aparecer una nueva forma de apatía. No fue porque nada se estuviera haciendo acerca de los problemas de la sociedad, sino más bien porque se estaba haciendo muy lentamente. El desencanto con la sociedad llevó a muchos jóvenes a "separarse", a desligarse de la sociedad. Primero aparecieron los Niños de las Flores. Estos eran generalmente jóvenes apacibles y amorosos quienes, como resultado de repetidas frustraciones en sus intentos de enderezar los errores en la sociedad, se rindieron a una política de no involucramiento pacífico en un mundo de su propia creación. Ese mundo, sin embargo, rápidamente fue invadido por otros que querían arremeter contra aquellos en la sociedad que desdeñaban el modo de vida de los Niños de las Flores. La solución a los problemas sociales, decían, era la destrucción de la sociedad y de sus instituciones. Nació la Nueva Izquierda. Ninguna parte del "Sistema" escapó a la cólera de la Nueva Izquierda. La familia, la iglesia, la escuela, la industria, y el gobierno fueron condenados todos como explotadores y corruptos. La Nueva Izquierda no ofrecía soluciones; simplemente daba por sentado que una civilización mejor automáticamente aparecería, como el ave fénix, de las cenizas de lo antiguo. A menudo haciendo alarde de irresponsabilidad sexual y fortificados con drogas, algunos líderes de la Nueva Izquierda promovían hechos de violencia que dejaron huellas de vidas y propiedades destruidas.

Hubo, sin embargo, algunos líderes jóvenes con visión que veían el "callejón sin salida" hacia el cual se dirigía la Nueva Izquierda. Despacio al principio, y luego con fuerza creciente, empezaron a juntar a gente joven para estudiar los aspectos espirituales de los problemas sociales. El Movimiento de Jesús estaba en camino. Bloques enteros de gente joven se convirtieron de otros movimientos al Movimiento de Jesús. "Estar 'alegre' en Jesucristo" empezó a tomar el lugar de estar "alegre" por drogas.

La historia de los renacimientos religiosos en América registra cómo esos movimientos que crecieron rápidamente sin echar raíces también se quemaron rápidamente. De no haber sido por unos cuantos líderes dedicados, el Movimiento de Jesús pudo haberse desintegrado como lo hicieron otros movimientos. Muchas expresiones del Movimiento de Jesús eran sin duda simplistas y de poca profundidad. "Creer en Jesús" era la solución a todo problema, con poca aplicación de las habilidades y talentos dados por Dios para la solución de esos problemas. En algunos segmentos del Movimiento de Jesús, la curación por fe y hablar en lenguas recibieron el mayor énfasis. En otros, la promesa del regreso de Jesucristo a la tierra llevó a una nueva forma de "retirarse"—para esperar Su regreso. No había necesidad de planificar para un futuro en la tierra. Se esperaba que Jesús se presentara antes de que la Gente de Jesús llegara a la edad adulta. En gran parte a través de los esfuerzos de líderes como Don Williams, David Wilkerson, Larry Norman, Bill Squires, y otros como ellos, algunas expresiones del Movimiento de Jesús sí se enraizaron en las Escrituras y en "todo el plan de Dios". Estas expresiones del Movimiento han perdurado y pueden afectar la vida religiosa de América de una manera positiva por muchas décadas por venir.

Debe hacerse notar que los elementos más simplísticos del Movimiento de Jesús inadvertidamente pudieron haber contribuido al interés en el satanismo y el ocultismo que crecieron concurrentemente con el Movimiento de Jesús. Ofreciendo misterio, ritual, involucramiento y aplicación en la vida, el ocultismo tenía una atracción para aquellos jóvenes que nunca encontraron al verdadero Jesucristo en el Movimiento de Jesús.

Las "nuevas religiones 'cristianas'" que son tan evidentes hoy día en América también pretenden ofrecer el envolvimiento y misterio que faltaban en algunas expresiones del Movimiento de Jesús. En algunos casos, estas nuevas religiones se envuelven en prácticas ocultas. En otros, simplemente tratan de "suplir 'las raíces' que faltaban en porciones del Movimiento". En cualquier caso, las "nuevas religiones 'cristianas'" pueden verse parcialmente como una consecuencia de los elementos más superficiales del Movimiento de Jesús y parcialmente como el resultado de las mismas condiciones en la sociedad que dieron nacimiento a los Niños de las Flores y la Nueva Izquierda.

Algunos líderes religiosos están ya esperando qué clase de movimiento seguirá a las "nuevas religiones 'cristianas'". Se sospecha que habrá una "Nueva Incredulidad"—un humanismo estilo hágalo–usted–mismo que está siendo inspirado e impulsado por tantos libros de terapia personal que están invadiendo el mercado.

No obstante lo que venga después de "las nuevas religiones 'cristianas'", éstas dan toda evidencia de que permanecerán como una parte permanente de la cultura religiosa americana. Algunas de ellas ya han empezado a asumir la forma de iglesias institucionalizadas, con funcionarios nacionales, universidades, y seminarios propios, y declaraciones formalizadas de sus creencias. Entre éstas están la Asociación del Espíritu Santo para la Unificación de la Cristiandad Mundial (La Iglesia de la Unificación) de Sun Myung Moon, y El Camino Internacional de Victor Paul Wierwille. Otras de las "nuevas religiones 'cristianas'" son grupos un tanto nómadas que están organizados vagamente, tales como los Hijos de Dios, "La Iglesia", y cientos de cientos de más.

1

Algunas Observaciones Generales

En este estudio, la palabra "religiones" se prefiere a la palabra "sectas", ya que la segunda es una palabra de la que se abusa mucho hoy día. En el uso popular, "secta" se refiere a cualquier grupo religioso que difiere significativamente en fe o práctica religiosa de aquel que es considerado como una expresión "normal" de religión en la cultura total. Sin embargo, la palabra se usa a veces como sinónimo de "denominación", especialmente cuando se refiere a una división de una religión no cristiana. Una "religión", por otra parte, es un sistema de fe y práctica religiosa que se distingue por sí misma y no es una división de cualquier otra entidad religiosa. El autor sostiene que las "nuevas religiones 'cristianas'" difieren tan significativamente de lo que generalmente se considera "cristiano", que son una categoría diferente por sí mismas y no participan, ni siquiera marginalmente, en ninguna fe ortodoxa.

¿Son realmente "nuevas"?

Salomón, mil años antes del nacimiento de Cristo, dijo que "no hay nada nuevo bajo el sol" (Ecl. 1:9). Él preguntó, ¿"Hay algo de que se puede decir: He aquí esto es nuevo? Ya fue en los siglos que nos han precedido" (v. 10). Las palabras de Salomón tienen una aplicación particular a las nuevas doctrinas y filosofías que aparecen de tiempo en tiempo. En todo el Antiguo Testamento había advertencias contra el alejamiento de la Palabra de Dios. Había que reconocer y tratar severamente a los falsos profetas. En el Nuevo Testamento, Jesucristo advirtió contra los falsos maestros, especialmente contra aquellos que enseñaban falsamente en Su Nombre, o, más grave aún, que decían ser el Cristo. La Biblia Viviente parafrasea las palabras de Jesucristo de una manera especialmente breve en Mateo 24:23–24, "Si alguien dijere, 'El Mesías ha llegado en tal y tal lugar, o ha aparecido aquí o allá', no lo creáis. Porque falsos Cristos aparecerán, y falsos profetas, y harán milagros maravillosos, tanto así, que si fuera posible, hasta los escogidos de Dios, serían engañados". En otra parte del Nuevo Testamento, se dirigen advertencias severas a los falsos profetas por distorsionar la Palabra de Dios, al imponer ideas e interpretaciones humanas sobre ella (2 Pedro 2:1–3).

Es proverbial que no han habido ideas o filosofías nuevas en los últimos mil años, o más—sólo nuevas apariciones de "lo que ya fue en tiempos antiguos". "Las nuevas religiones 'cristianas'" no son realmente "nuevas" en sus diferencias esenciales del cristianismo histórico, ortodoxo. Algunos maestros dicen haber recibido nuevas "revelaciones" y sus interpretaciones de la Palabra pueden parecer "nuevas" y extrañas a cristianos que están acostumbrados a que la Escritura interprete a la Escritura, pero la mayor parte de aquello que es "nuevo" ya ha sido tomado en cuenta por los grandes credos confesionales de la iglesia cristiana, especialmente el Credo Niceno y el Atanasio. Si hay algo nuevo en ellos, es su proliferación y su impacto en la vida religiosa en América. Muchas de estas religiones, sin duda, pasarán de la escena tan rápido como aparecieron, pero algunas perdurarán y continuarán creciendo. Todas dejarán probablemente una medida de confusión y decepción, que puede compararse a las áreas "quemadas", dejadas por "nuevos" movimientos religiosos anteriores.

¿Son muchas en número?

¿Qué tan difundidas están las "nuevas religiones"? Hay aproximadamente 60 millones de personas en los Estados Unidos entre las edades de 18 a 26. Probablemente el 1% de este grupo son miembros "sólidos" de las nuevas religiones. Hay muy pocas estadísticas confiables. Sin embargo, si sólo el 1% de esta población hace algo, 600,000 de personas jóvenes están envueltas. ¡Este es un número impresionante! Los pegotes e indagadores pueden elevar esta cifra a un dos o tres por ciento en un tiempo determinado. En algunas localidades el número puede llegar tal vez al 4%. Estos porcentajes no son del tipo que hacen "calamidades nacionales", pero para los padres o seres amados de aquellos envueltos en religiones extrañas, el número bien puede ser el 100%. Cuando abrigar una nueva religión implica la negación de la deidad de Jesucristo y la sola suficiencia de Su sacrificio, es un golpe tremendo para los padres cristianos.

Hay una palabra de precaución, sin embargo. La literatura del Proyecto contra Falsificadores Espirituales de Berkeley, California, señala que al aumento y crecimiento de nuevas religiones no debe permitírsele disminuir el conocimiento de que hay también otras fuerzas hostiles a la fe cristiana. Un ejemplo puede ser el alcoholismo entre los adolescentes—que afecta a muchas más personas jóvenes que las nuevas religiones. Satanás está bastante satisfecho de que algunos de sus ardides sean desenmascarados, si al ser descubiertos, la atención se desvía de algunos otros.

Campos fértiles para nuevas religiones

Antes de examinar las enseñanzas de algunas de las "nuevas religiones 'cristianas'", es útil el revisar las condiciones en la sociedad en las que toman raíz y crecen estas nuevas religiones. Este tema es tratado a fondo en el "libro básico" de la Serie Respuestas, Cómo Responder a . . . Los Cultos (de Editorial Concordia). Aquí son anotadas como se aplican a los movimientos religiosos más recientes. Debe darse énfasis a que las condiciones sociales que son fértiles para el crecimiento de las "nuevas religiones 'cristianas'", son las mismas condiciones en las que crecieron la Nueva Izquierda, los Niños de las Flores, el Movimiento de Jesús y el interés por lo oculto. No fue debido a las condiciones cambiantes que un movimiento haya seguido a otro, sino el fracaso de cada movimiento en turno de hacer frente a las condiciones.

Probablemente no hay palabra más usada que "solitario", para describir cómo se siente el individuo de la sociedad de hoy. La desunión ha sido llamada el "distintivo de los Setenta". El crecimiento acelerado más los freequentes cambios de localidad de las familias desaniman el establecimiento de una comunidad. Los individuos se ven forzados a depender más de sí mismos que de otras personas. Charles Colson en sus múltiples apariciones públicas señala la desunión como una de las fuerzas responsables de "Watergate". Los individuos que frecuentemente están solos terminan preocupándose únicamente por aquellas cosas que son beneficiosas para su persona. Porque parece no haber alternativa, el egoísmo eventualmente se convierte en una virtud—y libros tales como *Preocupándose por el #1* permanecen por meses en la lista de los libros de más venta. Los "derechos" se convierten en más importantes que los privilegios, y "libertad" sustituye a "responsabilidades".

Hay un paso muy corto de la dependencia de sí mismo a la adoración de sí mismo. Los lemas se convierten en el código moral nuevo: "Si has de encontrar alguna felicidad en la vida, Tú deberás creártela por ti mismo". "¡Si te sientes bien, HAZLO!", "¡Sólo vives una vez, así que date todo el gusto que puedas!"

Debido a que los individuos temen formar lazos que puedan romperse muy pronto, es más fácil apartarse y agregar nuevos lemas: ¡Todas las instituciones son corruptas! (Se ha descubierto suficiente corrupción como para hacer parecer que esto es cierto.) ¡No hay héroes ni heroínas; todos el mundo tiene pies de barro! (Exposés venden más revistas) ¡No hay absolutos; todo es relativo! ¡La ciencia puede mandar a un hombre a la luna, pero no puede resolver los problemas de una sociedad terrestre! ¡El futuro no ofrece oportunidades—la educación es un desperdicio! Y, finalmente, ¡los miembros de las iglesias no actúan como cristianos!

Lo anterior es una ilustración exagerada de las condiciones en la sociedad. Las personas mayores muchas veces tienen dificultad en comprender por qué la gente joven puede pensar de la sociedad en términos tan fríos. Se olvidan de que nuestra sociedad actual no fue formada en un momento; se fue formando gradualmente. Los padres nacidos antes de la segunda guerra mundial se mantenían dentro de lo que Alvin Toffler llama las "zonas estables"—Su modo de vida, su trabajo, su educación, y su fe. Para los jóvenes, sin embargo, muy pocas "zonas estables" tuvieron oportunidad de desarrollarse. No han conocido una sociedad diferente a la que conocen y en la que se mueven. Les fue impuesta ya hecha y derecha.

Aquellos más afectados por las nuevas religiones

Debe reconocerse, antes que nada, que la mayoría de la gente joven de hoy puede hacerle frente bastante bien a las condiciones frías que ven en la sociedad. La mayoría de la gente joven puede adaptarse rápidamente a las circunstancias. La mayoría son serios y optimistas en cuanto a su educación. Muchos son calladamente religiosos y tienen valores morales equivalentes a los de sus padres. Muchos encuentran su estabilidad y fuerzas en su fe cristiana. Algunos de los que están "haciendo frente" pueden sufrir de depresiones recurrentes, "la enfermedad de los Sententa" (tome nota: la enfermedad), pero éstos, también, muchas veces pueden construir zonas de estabilidad en su fe cristiana y sus familias cristianas.

Siempre se encontrará una minoría de gente joven que tratará de escapar del "enfrentamiento" retirándose de la sociedad y dedicándose a las drogas y a la aventura sexual. Hay otros que prueban cada "nueva terapia" que se les ofrece, corriendo de un curandero a otro, esperando que esta sea la solución. Sus vidas son una constante "búsqueda de algo más".

Las nuevas religiones son más atractivas para la gente joven cuando han sido abordadas en algún punto crítico de sus vidas. En algunos casos puede ser que el joven esté desesperado, habiendo "probado cada viaje" sin encontrar una meta o razón para vivir. En la mayor parte de los casos, sin embargo, aquellos que son solicitados y ganados por las nuevas religiones son jóvenes notablemente saludables, estudiantes promedio o sobresalientes, serios respecto al futuro. Generalmente fueron deportistas y tenían una vida social feliz en el colegio. Para muchos, los hogares en que crecieron fueron "ideales" en cuanto a sus relaciones familiares se refiere. Pero puede ser que ahora estén lejos de sus hogares por primera vez en sus vidas—solos en un recinto universitario o sin amigos en una ciudad a la que han ido por motivos de trabajo. Puede ser que haya un período de "calma" en sus vidas, tal como el tiempo entre la graduación y el comienzo de una profesión. Puede haber habido una decepción profunda, como la pérdida de un amigo íntimo, la traición de un viejo aliado, o simplemente un cambio familiar a un nuevo y extraño vecindario.

Las nuevas religiones, sin embargo, parecen tener el mayor éxito ganando conversos entre gente joven que, como parte de su proceso de madurez, están un poco miedosos de la dirección que deben tomar en sus vidas. Durante ese período, parece no haber respuestas a preguntas como: ¿Soy de algún valor para alguien? ¿Qué metas debo tener? ¿Cómo puedo diferenciar entre el bien y el mal? ¿Cómo puedo escoger entre todas las opciones que tengo en la vida? Muy a menudo, cuando preguntan en voz alta, los padres o consejeros, e inclusive los pastores, les responden, "Nadie puede contestar por ti. Tú tienes que encontrar tu propio camino, tomar tu propia decisión—o las respuestas no serán realmente las tuyas".

Ahora, suponga que en estos momentos críticos de sus vidas alguien que se ha propuesto ganar su amistad, alguien que es especialmente cariñoso y atento con ellos, les dice, "Yo solía estar confundido. Pero he encontrado las respuestas a todas mis preguntas. Yo he encontrado a alguien que está dispuesto a responsabilizarse por mis elecciones, dispuesto a enfocar la dirección de mi vida e involucrarme en proyectos que valen la pena. Vamos, al menos conoce a mis amigos . . .".

Algunas señas de las nuevas religiones

Debido a que hay una gran variedad de "nuevas religiones 'cristianas'" que están apareciendo en la escena religiosa, no es posible obtener un grupo seguro de "señas" con las cuales se les pueda identificar. La prueba más segura es comparar sus enseñanzas y prácticas con la Palabra Revelada de Dios, la Biblia. Hay, sin embargo, algunas características que se encuentran en la mayoría de ellas, y otras que se encuentran únicamente en algunas de ellas. Es en la manifestación de una o más de estas "señas" que una entidad religiosa invita a un escrutinio cuidadoso antes de que se le dé cualquier apoyo.

Casi sin excepción, cada una de las "nuevas religiones 'cristianas'" está dirigida por un hombre fuerte, decidido y paternal que proporciona la autoridad en sus vidas que tantos jóvenes desean subconscientemente. Puede pretender haber recibido una comisión directa de Dios, y puede insistir en que Dios le habla en una voz audible. Contra tales "revelaciones" directas él no admitirá contradicción alguna, porque ¿quién se atreve dudar de "lo que Dios ha hablado"? Podrá prometer revelar "verdades ocultas" a sus seguidores, asegurándoles así que son parte del "grupo interno". Este sentimiento de "grupo interno" es muy importante, porque puede usarse para crear un fuerte compromiso con el grupo—la "seña" que todas las "nuevas religiones" muestran.

Para el que no está iniciado, las enseñanzas de algunas de las "nuevas religiones 'cristianas'" pueden ser bastante difíciles de clasificar. Algunos líderes asignan nuevos significados a palabras y frases cristianas muy conocidas, al punto que el que no está instruido puede deseperarse al intentar determinar qué se enseña realmente. "Gracia", por ejemplo, puede usarse para indicar solamente el "deseo del hombre de creer" y "fe" es sólo otra palabra que significa obediencia a un líder. Puede dársele gran importancia a asuntos menores como la fecha del nacimiento de Jesucristo o la de la Semana Santa. De esta manera, el discípulo se siente impresionado con la "perspicacia" del líder, y también puede haber el efecto secundario de crear dudas en la mente del discípulo en cuanto a que los maestros anteriores no le "revelaron" esta "verdad".

La mayoría de las nuevas religiones son rígidamente "morales", aunque en algunas de ellas el código moral está tal vez interesado sólo en algunos valores externos escogidos por el líder para condescender, no sea que los seguidores se desanimen. A menudo no hay un sentido verdadero del pecado o de la salvación. "Salvación" puede interpretarse como pertenecer al grupo, y "pecado", como estar fuera de él, formando parte del mundo "profano" de la industria, la educación o el gobierno. A veces el método de estudiar que utiliza el "texto bíblico" se emplea para vincular las enseñanzas del grupo con el cristianismo. El investigador honesto no puede darse el lujo de aceptar tales pasajes sin verificar cuidadosamente su contexto en las Escrituras y su relación al "plan completo de Dios" como se revela en la Biblia.

Algunos de los nuevos grupos religiosos tratan de sostenerse solicitando ayuda directamente en lugares públicos, y otros se sostienen vendiendo pequeños artículos. Unos cuantos les cobran cuotas establecidas a sus propios miembros por sus cursos de instrucción, poniendo a la vez gran énfasis en el diezmo y en sobrepasar el diezmo. Ocasionalmente se encuentran grupos en los que se les exige a sus seguidores ceder todas sus posesiones materiales a los líderes. Hay también entre las "nuevas religiones 'cristianas'" algunos grupos que acogen las persecuciones como "evidencia" de que son los "únicos poseedores de la verdad".

Otra vez debe hacerse hincapié en que no todas las nuevas religiones tienen las mismas señas. Una persona debe ser cauta en no generalizar. Debe investigarse cada grupo cuidadosamente. No obstante, sobre todo, cada grupo debe ser examinado a base de las Escrituras. ¿Qué es lo que enseñan sobre la deidad de Jesucristo, la total suficiencia de su expiación, la autoridad y perfección de la Escritura, la falibilidad de los líderes humanos?

Un "párrafo sumamente importante"

La pregunta frecuentemente hecha por padres perplejos y líderes de iglesias cristianas es ésta: ¿Cómo puede alguien que ha estudiado la Biblia creer algunas de las cosas que se enseñan en las "nuevas religiones 'cristianas'"? El párrafo siguiente es de máxima importancia para responder a esta pregunta:

Si se puede confiar en el testimonio de miembros y ex–miembros de los nuevos grupos religiosos (y no hay una buena razón para dudarlo), pocos, si es que hay algunos, convertidos a las nuevas religiones fueron atraídos por las "enseñanzas" de esas religiones. Casi sin excepción, los conversos no estaban al tanto de lo que se enseñaba hasta después de ser miembros establecidos del grupo. Aun entonces, en muchos casos, transcurrían meses antes de que pudieran explicarle a otra persona exactamente lo que se les estaba enseñando. Para entonces, ya se habían identificado tanto con el líder y con otros miembros que no habían tenido dificultad en aceptar las enseñanzas. Lo que les había atraído al grupo en primer lugar era la amistad y cordialidad que vieron y sintieron—más la promesa de soluciones a sus problemas, de "libertad para ser ellos mismos", y la importancia y atención que se les asignaba como individuos. A todo esto se agregaba el ofrecimiento de una vida provechosa mediante la participación en "proyectos de importancia" y la oportunidad de "ampliar la confraternidad" participando en programas de reclutamiento.

Debido a que a las enseñanzas de las "nuevas religiones 'cristianas'" no se les ha dado la extensa publicidad que se le da a sus programas públicos, solicitaciones y campañas de reclutamiento, los capítulos siguientes explorarán algunos de los grupos menos formalmente organizados, seguidos de un estudio de las enseñanzas básicas de las iglesias "institucionalizadas" más formales como la Iglesia Unificada y El Camino Internacional (The Way International).

Se está haciendo todo esfuerzo para exponer honesta y objetivamente lo que se enseña y no hay la menor intención de perjudicar a ningún grupo. Se ha recopilado información de las publicaciones de varios grupos y de entrevistas con miembros y antiguos miembros. En algunos casos, se hace referencia a reportajes y artículos de periódicos. Al evaluar la teología de las nuevas religiones, sin embargo, se emplea la perspectiva histórica y confesional del luteranismo. La convicción teológia luterana del autor va a ser evidente, pero las preocupaciones primarias expresadas por él son compartidas por la mayoría de las iglesias cristianas históricas.

En el capítulo final, se hacen sugerencias concernientes a cómo un cristiano debe, por su reacción a las necesidades de la juventud, y su ministerio a miembros de las nuevas religiones y sus familias, "dar una respuesta a cada hombre que preguntara por una razón de la esperanza" que está en él (1 Pedro 3:15).

2

Variedad de Experiencias

Hay miles de grupos religiosos, fluctuando desde los más grandes hasta los muy pequeños, que declaran que ellos son los únicos representantes del cristianismo en el mundo moderno. Algunos de ellos tratan de combinar el cristianismo con las religiones orientales. Ellos son descritos, junto con otros, en el librito de esta serie, *Cómo Responder a . . . Las Religiones Orientales,* de la Editorial Concordia. Otros ofrecen variaciones de doctrinas tradicionales cristianas formadas por "revelaciones" que sus líderes dicen haber recibido de Dios. Sólo un puñado de éstos son conocidos nacionalmente. El resto preocupa a cristianos confesionales principalmente en las áreas geográficas donde ellos reclutan miembros.

Muchos de los nuevos grupos religiosos no han publicado literatura porque siempre son acompañados por sus líderes, los cuales les pasan oralmente las "revelaciones" que reciben. La poca información que hay sobre ellos viene de antiguos miembros que, comprensiblemente, son a menudo bastante subjetivos al describir sus experiencias.

Muchas de las "nuevas religiones 'cristianas'" incorporan alguna clase de vida comunal a su modo de vida. Algunas son nómadas, siempre trasladándose de un lugar a otro. Con frecuencia pasan la mayor parte del día aprendiendo de memoria porciones de la Biblia y preparando respuestas a las preguntas de personas no afiliadas. El resto del tiempo puede usarse para reclutamiento e incursiones importunas en comunidades cercanas.

Los miembros de algunos de estos grupos usan largas túnicas todo el tiempo, mientras que otros vacilan más en revelar su identidad. Para algunos el "alimento de Dios" es comida "recogida" de los depósitos de basura de los supermercados o restaurantes. Éstos llevan con orgullo el mote de "come—basura" que les han colgado.

Una de las quejas que más se oyen de antiguos miembros de muchos de estos grupos es la autoridad absoluta de sus líderes. Sólo el líder puede hacer decisiones. Sus órdenes no deben ser ignoradas o contradecidas. Más aún, antiguos miembros alegan que algunos de los líderes pasan sólo las horas del día con los discípulos y en la noche se retiran a alojamientos más opulentos. Antiguos miembros de algunos de estos grupos han iniciado acción legal en contra de los líderes en un intento de recuperar posesiones que endosaron bajo presióne. Se han dado descripciones de líderes que se involucraron en prácticas de ocultismo, pronunciando maldiciones y maleficios sobre sus adversarios. De otros se dice que acentúan el hablar en lenguas y el exorcismo de demonios. Muchos de los grupos consideran a los que no son miembros perdidos eternamente y deben ser esquivados—hasta odiados, si son familiares los que objetan al grupo. Algunos antiguos miembros arguyen haber sido detenidos por la fuerza en sus primeros e infructuosos intentos de alejarse del grupo. Las experiencias, parece, varían tan ampliamente como los nombres y las áreas geográficas en las que se encuentran.

Muchas de las "nuevas religiones 'cristianas'" han recibido una publicidad desfavorable en artículos de periódicos y revistas religiosas, así como en conferencias de antiguos miembros que sienten la necesidad de advertir a otros.

Entre los grupos que aparecen en las noticias de tiempo en tiempo se encuentran: La Iglesia (o El Cuerpo de Cristo, o Ministerios Cristianos, Inc.) guiados por Jim Roberts, llamado algunas veces "Hermano Evangelista"; La Iglesia del Entendimiento de la Biblia (antes la Familia Eterna); La Iglesia de la Palabra Viva (o El Camino) encabezada por John Robert Stevens; un grupo dirigido por el Hermano Rama Behera; y cientos más.

Desde el punto de vista de la teología confesional cristiana, el modo de vida es resultado de la fe, la práctica es modelada por la doctrina. La vida cristiana responde al amor de Dios y su misericordia en Cristo Jesús. Esto se enseña claramente en referencia a la promesa de Dios de un Mesías en el Antiguo Testamento y se repite en cada libro del Nuevo Testamento. La Epístola a los Romanos, por ejemplo, en sus primeros once capítulos proclama poderosamente la gracia de Dios en Jesucristo. Es Dios el que salva, Dios el que declara justificado al hombre por la muerte de Jesucristo por los pecados del mundo, Dios el que revela Su gracia salvadora en el evangelio, y, finalmente, Dios, el que le da al hombre el don de la fe para recibir Su gracia. Después, en los capítulos doce y siguientes, la Epístola a los Romanos describe la respuesta cristiana al gran amor de Dios en Jesucristo: "Yo apelo a ustedes, entonces, hermanos, por la misericordia de Dios, a presentar sus cuerpos en sacrificio viviente, sagrado y aceptable a Dios, que es vuestro culto racional . . ." (Rom. 12:1 ff.)

Hay, en resumen, dos áreas de desviación de la doctrina de las Escrituras que han sido notadas en las "nuevas religiones 'cristianas' " por los observadores que se preocupan por mantener la verdad del evangelio. Ambas se relacionan con el mensaje central de las Escrituras, a saber, la justificación por la fe por la gracia de Dios en Jesucristo. La primera área de desviación consiste en añadir a las Escrituras "nuevas revelaciones" que alegan haber sido recibidas del mismo Dios. Dicen que Dios se ha comunicado ya sea a través del habla o por medio de "ideas" especiales que Dios le ha dado únicamente al líder. La Biblia hace severas advertencias contra los maestros que dicen haber sido comisionados por Dios para decir aquello que Dios mismo no ha dicho en Su Palabra. Véase Jeremías 23:31 y sígase el juicio de Dios sobre los profetas que "usan su lengua y dicen, Él dijo . . ." El apóstol Pablo, por inspiración divina, pronuncia una maldición solemne contra cualquiera que "pervierta el Evangelio de Cristo" añadiendo "un evangelio diferente" (Gál. 1:6–9). La segunda área de desviación se relaciona a la primera, y consiste en añadirle al evangelio, o reemplazarlo por una obediencia incondicional a un líder humano. Tal obediencia puede tomar la forma de un estilo específico de vida o de una lista de obligaciones que deben llevarse a cabo. El apóstol Pablo no "cedió . . . ni siquiera por un momento" ante nadie que contaminara el evangelio de la pura gracia salvadora de Dios con ninguna forma de justificación por obras, (Gál. 2:4–5). La introducción de obediencia espiritual incondicional a un líder humano despoja al evangelio de su amor, belleza, gozo y paz, y es una negación de la gracia salvadora de Dios en Jesucristo.

Entre las nuevas religiones libremente organizadas, hay una que no es típica, ya que ha publicado miles de páginas de literatura, ha concedido entrevistas a reporteros y probablemente ha sufrido más deserciones que ninguna otra. Los "Hijos de Dios", sin embargo, son un ejemplo de los extremos a los que un grupo religioso puede llegar, si viste a su líder con autoridad divina y sigue sus órdenes en todos los aspectos.

Los Hijos de Dios

David Brandt Berg (también conocido como Moisés David Berg, Rey David, o simplemente "Mo"), es el fundador y líder de los Hijos de Dios. Su extraña odisea de ministro de la Alianza Cristiana y Misionera a cabecilla de más de cien comunas ("colonias") de Hijos de Dios en sesenta y cinco países empezó con el despido de su pastorado en Arizona. Se informa que en ese momento nació su odio por la iglesia establecida. Rápidamente se convirtió en odio por todas las instituciones establecidas—odio que moldeó mucha de la teología que empezó a enseñar.

David Berg no vacila en tomar el crédito por iniciar el Movimiento de Jesús, una reclamación que es debatida por historiadores del Movimiento. Él sí manejó una cafetería para adolescentes en Huntington Beach, California, por un tiempo, después de trabajar por poco tiempo como ayudante de Relaciones Públicas del radioevangelista Fred Jordan. A través de la cafetería Berg se hizo de un pequeño grupo de discípulos dedicados. En 1969, cuando Berg dice "haber recibido una profecía" que California iba a caer en el océano, él, y como cien de sus discípulos tomaron el nombre de "Hijos de Dios" y empezaron a vagar de un lugar a otro. Los Hijos tuvieron un aumento de socios considerable cuando tres líderes prominentes del Movimiento de Jesús, juntos con algunos de sus discípulos se les unieron. (Desde entonces hasta hoy, los tres se han separado de los Hijos de Dios).

En los tempranos días de su existencia, los Hijos de Dios aprovecharon cada oportunidad para demostrar su odio contra "el sistema". Se hicieron notorios por blasfemar y usar lenguaje vulgar y en lugares públicos y por sus "himnos" maldiciendo a todas las iglesias y a todos los padres. Los periódicos publicaban cómo desbarataban los servicios en las iglesias y cómo exigían a sus conversos que entregaran todas sus propiedades a sus líderes como parte de "deshacerse de todo"—posesiones, padres, educación, trabajos e iglesias.

Mientras que los Hijos tenían prohibido trabajar (excepto en comunas), no les horrorizaba importunar a hombres de negocios para que los ayudaran con dinero y provisiones—mientras que al mismo tiempo rabiaban contra toda industria y empresa calificándolas de ser satánicas y responsables de llevar a América a la destrucción. Su continuo machacar enfadoso sobre la inminente destrucción de todo menos ellos mismos los llevó a ser llamados "los profetas del día del juicio final".

Para 1972 ya había más de sesenta colonias de Hijos de Dios en los Estados Unidos. Se había formado una gran oposición contra los Hijos, y los padres formaban organizaciones que acusaban a los Hijos de rapto, control mental, de retener a los conversos contra su voluntad, abuso sexual y esclavitud. Como parte de su "estrategia de sobrevivencia contra la persecución", algunos de los cabecillas de los Hijos de Dios se dedicaron a operar clandestinamente y el mismo Berg dejó el país. Desde entonces, muchos de los miembros más prominentes, también han dejado el país. En un tiempo, Berg era conocido personalmente por todos sus seguidores. Hoy día, muy pocos de ellos lo ven. Está en contacto, sin embargo, con todas las colonias a través de sus "Cartas MO" que les son enviadas regularmente. Como unas quinientas "Cartas MO" han sido emitidas. Algunas llevan también la intención de ser vendidas en las calles públicamente; otras son enviadas "sólo a discípulos". Es en las "Cartas MO" donde "Moisés" David Berg comunica las "revelaciones" que pretende recibir de Dios.

Es en las "Cartas MO" donde se expone la "teología" de Berg.

Tanto el mundo cristiano como el no cristiano, han atacado a los Hijos de Dios por su modo de vida y sospechado control mental. Son, sin embargo, las enseñanzas de David Berg, las responsables del modo de vida. Los Hijos de Dios ven en él al profeta escogido por Dios para esta era, y están convencidos de que él recibe revelaciones divinas regularmente, y de que sólo él puede guiarlos a la seguridad en un mundo que está próximo a ser destruido.

La "teología" de Berg consiste principalmente de profecías y mandamientos. Uno podría examinar larga y detenidamente la literatura de los Hijos de Dios y no encontrar ninguna referencia explícita a Jesucristo y Su labor de salvación. En el campo de la profecía Berg ha sido notablemente infructuoso. No sólo no cayó California al océano, sino que tampoco el cometa Kohoutek se estrelló en América. Una tercera profecía concerniente a la destrucción de América durante el año del bicentenario, también fracasó. Miembros pasados declaran que en años recientes, Berg se ha involucrado más y más en el espiritismo y la nigromacia en sus intentos de predecir el futuro.

El éxito de Berg con los mandamientos que él pública, sin embargo, ha sido espectacular. Se le obedece sin preguntas. Estas instrucciones, dadas en recientes "Cartas MO", han estimulado cada vez más la promiscuidad sexual entre los Hijos de Dios. Para 1976, las Cartas Mo instruían a las discípulas cómo servir como prostitutas religiosas para "atrapar" más seguidores para Jesús. Se le llamó "el Ministerio del Coqueteo". Revistas noticiosas, que reportan desde países extranjeros donde la mayoría de los altos jerarcas de los Hijos de Dios han ido, dan la idea que los Hijos de Dios se han convertido en poco más que un culto al sexo crudo que puede estar al margen del colapso motivado por celos y rivalidades entre los líderes. Cartas Mo de fecha reciente, sin embargo, dicen que los Hijos de Dios están prosperando y disfrutando "del crecimiento explovixo más grande de un movimiento religioso nuevo en la historia".

En los Estados Unidos y Gran Bretaña, los Hijos de Dios ya no son la atracción religiosa importante para la gente joven que una vez fueron. Todavía quedan algunas colonias y en unas cuantas áreas el reclutamiento está teniendo un éxito limitado. Según las noticias, los Hijos de Dios están concentrando sus esfuerzos de reclutamiento en Europa central y América del Sur.

Los efectos de los Hijos de Dios en Estados Unidos pueden permanecer por un largo tiempo. Hay un sinnúmero de jóvenes que están en un estado de confusión debido a las enseñanzas de los Hijos de Dios. Algunos creen que no pueden regresar a casa, es decir, están convencidos de que han hecho un rompimiento irreparable con su familia y con sus amigos, y que no pueden reasumir una vida normal. Otros están miedosos de comprometerse en cualquier causa, no sea que tengan otro desencanto.

La mayoría de los excesos de los Hijos de Dios fueron evitados por otros de los "profetas del día del juicio final". Los Hijos de Dios, sin embargo, sirven como un ejemplo de lo que puede pasar cuando un hombre esta investido de toda la autoridad y las "revelaciones" que dice recibir son sobrepuestas a las Sagradas Escrituras.

En contraste con el nomádico y anti–institucional modo de vida de los Hijos de Dios, otras de las "nuevas religiones 'cristianas'" son más sistemáticas en su teología y están menos "separadas" de la sociedad. Algunas de estas parecen

estar encamianadas a convertirse en iglesias establecidas. Dos de las más prominentes son consideradas en los capítulos siguientes.

3

La Iglesia de la Unificación

Cuando el reverendo Sun Myung Moon primeramente llamó la atención de la gente fuera de Corea, fue porque él anunció que él había sido escogido especialmente por Dios para guiar a la cristiandad en una lucha abierta contra el comunismo del mundo. Desde entonces, sin embargo, se ha venido notando cada vez más, que Moon se ve también a sí mismo como el portador de "una nueva revelación de la verdad" para generaciones presentes y futuras. Para poder dar a conocer esta "nueva revelación", la Iglesia de la Unificación (oficialmente, La Asociación del Espíritu Santo para la Unificación del Mundo Cristiano) ha establecido un seminario teológico en los Estados Unidos, ha adoptado una colección de afirmaciones teológicas, y se ha comprometido en un esfuerzo misionero agresivo. También ha solicitado ser miembro de varios consejos de iglesias cristianas. Desde la perspectiva del cristianismo bíblico histórico, sin embargo, parece que el llamado "cristianismo" del reverendo Moon, es bastante distante de lo que otras iglesias llaman "cristiano".

La oposición a la Iglesia de la Unificación ha venido de muchos lados. Políticamente ha sido acusada de estar aliada con el partido oficial de Corea del Sur. Eclesiásticamente, le ha sido negada la afiliación a consejos de iglesias sobre la base de que no es cristiana. Ha habido extensa oposición de algunos padres que dicen que Moon y sus ayudantes usan "control mental" para malquistar a los jóvenes con sus familiares.

Ya que la Iglesia de la Unificación dice existir para el propósito de unificar el cristianismo universal, hay preguntas que deben hacerse: ¿Cuál es la actitud de la Iglesia de la Unificación en cuanto a la Biblia? ¿Qué es lo que enseña concerniente a la persona y trabajo de Jesucristo? Y, ¿qué de la gracia, la fe y el Reino de Dios?

Sun Myung Moon y la Biblia

Las enseñanzas de Moon contienen mucho pensamiento religioso oriental tradicional, especialmente la creencia de que Dios en sus actividades creativas trabaja a través de dos poderes, el masculino y el femenino, el positivo y el negativo. Un folleto distribuido por los seguidores de Moon, La Iglesia de la Unificación: Quienes Somos, declara:

> Dios puede ser Mente Infinita, la Base de Ser, el Tao—una Fuerza abstracta que da energía, como está representada, por ejemplo, por la Filosofía Oriental, pero Él es ante todo, el Padre amoroso, el Origen y la Esencia del amor, como lo declara el cristianismo.

Los cursos de enseñanza de Moon citan extensamente a la Biblia. Se ve a la Biblia como representando el predicamento del hombre. El rescate de ese predicamento; sin embargo, debe venir de ambos, la Biblia y las "nuevas revelaciones de la verdad", según Moon. Una Declaración Oficial, puesta como publicidad pagada en varios periódicos, declara que la Iglesia de la Unificación está "basada en una nueva revelación de Dios, dada a través del reverendo Moon para preparar al mundo para el regreso de Jesucristo" (énfasis añadido). Mucha de esta "nueva revelación" se publica en la escritura de la Iglesia de la Unifacación, El Principio Divino y en la Guía de Estudio del Principio Divino.

La Caída del hombre

Moon enseña que Dios creó a Adán y a Eva, pero en la Guía de Estudio se afirma que existían en un "estado inestable e imperfecto" cuando primeramente fueron puestos juntos. Estaban "viviendo juntos como hermanos, no como marido y mujer". Si hubieran sido abordados por el diablo durante este período de "imperfección", la Caída nunca hubiera tenido lugar. La explicación de Moon sobre la Caída es como sigue: Lucifer, el Arcángel había sido creado por Dios como un "sirviente", mientras que Adán y Eva fueron creados como "hijos" de Dios. Naturalmente, Lucifer dedujo que Dios amaría a sus "hijos" más que a Su "sirviente". Por lo tanto, Lucifer estaba celoso de Adán por dos motivos: Adán era un "hijo" de Dios y estaba destinado a ser esposo de Eva cuando llegara a la madurez. Además, Eva era femenina y deseable, y tenía una cierta admiración por Lucifer, ya que le parecía que Lucifer conocía más íntimamente a Dios que el "imperfecto" Adán. Lucifer, con la esperanza de apoderarse de la posición de Adán como "hijo" de Dios y esposo de Eva, sedujo a Eva.

El adulterio de Lucifer y Eva, declara Moon, fue la Caída "espiritual" de la humanidad. No obstante, Eva, esperaba deshacerse de la culpa y recobrar su posición ante Dios, de manera que tentó a Adán para que se comportase como su esposo, aun cuando esto era prematuro debido a su "falta de perfeccionamiento". La unión de Adán y Eva fue la Caída "física" de la humanidad.

La doble Caída—física y espiritual—es un dogma básico de la Iglesia de la Unificación y fundamental para sus otras enseñanzas.

La redención

Según La Guía de Estudio, Dios no abandonó a Sus hijos a vivir en su estado "caído". Mandó a muchos profetas y educadores, pero ninguno de ellos pudo hacer una completa restauración de la perfección. Finalmente, Dios mandó a Jesucristo como "el Segundo Adán". Según Moon, Jesús debía redimir al hombre espiritual y físicamente. Su intención de "establecer el reino de Dios sobre la tierra", no fue plenamente realizada. Sin que Él tuviera ninguna culpa, Jesús falló en completar la restauración porque la gente de Su día "abortaron su misión" mantándolo antes de que pudiera completar la labor. Su muerte en la cruz, aunque no planeada por Dios, de todos modos fue suficiente para redimir al hombre espiritualmente, pero la redención física no ocurrió. Lo que quedó sin terminar fue el plan de Dios de que Jesús tomara a una esposa perfecta, una personificación del Espíritu Santo, y engendrara una raza nueva y físicamente perfecta que estuviera libre de la mancha de la sangre de Satán.

En El Principio Divino , Moon escribe, "Jesús falló en su misión cristiana; su muerte en la cruz no era una parte esencial del plan de Dios para redimir a los pecadores". Él también escribe, "Jesús no era el único, unigéntio Hijo de Dios que ya existía con el Padre antes de todo lo creado. Jesús obtuvo la deidad como un hombre que cumplió el propósito de la creación, pero no puede por ningún motivo ser considerado Dios Mismo." La redención, según Moon, debe ser terminada por otro—"El Señor de la Segunda Venida" (también llamado "el tercer Adán", o simplemente "El Mesías"). La Guía de Estudio declara que el Señor de la Segunda Venida debe tomar a una esposa y formar la primera familia restaurada de Dios. Él enseñará a todo el mundo la verdad sobre Dios y el universo. Él aclarará los "problemas fundamentales de la Biblia" e "indicará claramente el camino para la salvación universal". Él es la figura central esperada por todas las "religiones más elevadas del mundo", aunque se refieran a Él por distintos nombres.

Discipulado

De acuerdo a la Guía de Estudio, el deber de toda la gente frente al Señor de la Segunda Venida, es creer en él, servirle y cooperar con él en su trabajo mundial de restablecer la perfección en la humanidad, la redención física. Se dice que el Señor de la Segunda Venida ya está en este mundo, aunque todavía no ha sido revelado. Algunos pasados seguidores de Moon dicen que en privado él alega ser el Señor de la Segunda Venida; y sus discípulos creen que él es el Mesías.

Desde la perspectiva histórica cristiana

La primera pregunta que molesta a estudiantes de la Biblia sobre la iglesia de Moon es ésta: A pesar de su nombre, La Asociación del Espíritu Santo para la Unificación del Cristianismo Mundial, ¿puede considerarse a la Iglesia de la Unificación siquiera remotamente cristiana, cuando declara que la expiación del "Cristo" no fue suficiente para una redención total de la humanidad?

Desde la perspectiva de las Escrituras, no se debe ni pensar que alguien pueda decir que Jesús falló en llevar a cabo su misión porque no tuvo la oportunidad de casarse. Lo que Moon dice que no es una parte esencial de la redención de Dios, es decir, la crucifixión, es, de acuerdo a la Escritura, "el acto por el cual Dios perdona pecados y provee una entera y completa salvación a todo el que cree". La pretención de Moon, de que otro, el Señor de la Segunda Venida, se necesita para terminar la obra de Cristo, lo pone en un severo juicio bíblico. Los escritores del Nuevo Testamento mantuvieron que su evangelio estaba completo. San Pablo pronunció una solemne maldición contra cualquiera (incluyendo "a un ángel del cielo") que presumiera ofrecer "otro evangelio" que el que los escritores apostólicos proclamaron (Gál. 1:6–9). Los inspirados escritores del Nuevo Testamento eran especialmente sensitivos en cuanto a intentar añadir condiciones al gracioso ofrecimiento de Dios de salvación en Jesucristo. Además, en cuanto al Señor de la Segunda Venida, las severas advertencias de las Escrituras contra "Cristos" futuros deben ser tomadas en cuenta en cada generación (vea Mateo 24:23–24; 2 Cor. 11:13–15; 1 Juan 4:1–3). Las Escrituras también enseñan que cuando el verdadero Cristo regrese para Su Segunda Venida, no entrará en el mundo irreconocido, para ser revelado primero sólo a unos cuantos, sino que vendrá abiertamente y será conocido inmediatamente por toda la humanidad (Mat. 25:32–32; 2 Tesal. 1:7–9, et. al.).

El Concilio Nacional de Las Iglesias de Cristo en los Estados Unidos de América (NCC) no sólo le negó la afiliación a la Iglesia de la Unificación, sino que en el informe a su Comisión de Fe y Orden expresó: "La Iglesia de la Unificación no es una iglesia cristiana". Las razones citadas, aun bajo las amplias definiciones y normas del Concilio, incluyeron, "Su doctrina de la naturaleza del Trino Dios es equivocada ... Su cristología es incompatible con la enseñanza y creencia cristiana ... En El Principio Divino se invocan como divinas y normativas revelaciones que contradicen los elementos básicos de la fe cristiana ... El Principio Divino reconoce a una autoridad superior (a la de la Biblia) en Sun Myung Moon".

El anticomunismo de Moon puede agradarle a muchos, pero el anti–comunismo en sí no es una marca del cristianismo. La fe cristiana trasciende todo sistema político y proyecta la "Luz del Mundo" sobre toda injusticia política, ya sea que exista bajo el comunismo o cualquier otra forma de gobierno.

Controversia

La controversia parece haber seguido al reverendo Moon desde 1936, cuando a la edad de 16 años, dice haber tenido una "revelación especial" de Dios que lo designó para un ministerio único de cumplir los deseos de Dios en el mundo. Los hechos son confusos y los informes concernientes a los años que siguieron son contradictorios—excomunión de la Iglesia Presbiteriana de Corea, encarcelamiento por las autoridades de Corea del Norte, acusaciones que resultaron en su arresto por la policía de Corea del Sur.

También la controversia ha girado alrededor de los casamientos masivos de Moon (hasta 1,800 parejas al mismo tiempo en una arena de Corea), sus pretendidos enredos políticos, la fortuna de la Iglesia de la Unificación, los bienes personales de Moon, y las tácticas usadas por "moonies" jóvenes que venden velas, maní, flores y dulces en las esquinas, centros comerciales y de puerta en puerta.

Aún más, la controversia también ha rodeado proyectos de la Iglesia de la Unificación que no siempre pueden ser identificados como tales. "Proyectos creativos de la comunidad", la Fundación Cultural Internacional, la Asociación Colegial para la Investigación del Principio y la Conferencia Internacional sobre la Unidad de las Ciencias son algunas de las más de veinticinco "organizaciones de pantalla" que han sido citadas por varios escritores.

La controversia que rodea al reverendo Moon, sin embargo, se ha vuelto más intensa en cuanto a "lo que está haciendo con las mentes de sus jóvenes conversos". "Antiguos moonies" han sido instrumentales en la formación de organizaciones (v.gr. La Fundación Internacional de Libertad Individual) para proveer información concerniente a los pretendidos "lavados de cerebro" de los discípulos de Moon. Ellos relatan historias notablemente congruentes del uso del aislamiento, el cansancio, dietas sin nutrición, presiones de sus compañeros y una lluvia constante de "propaganda" para quebrantar el pensamiento independiente de los "moonies". La *Declaración Oficial* de la Iglesia de la Unificación, citada anteriormente, descarta estos reclamos como "distorciones e interpretaciones equivocadas" y señala a una deposición de la Corte Suprema de desestimar los cargos de "lavado de cerebro" llevada por algunos padres.

4

"El Camino" Internacional (The Way International)

El fundador y jefe de "El Camino" Internacional es Victor Paul Wierwille. Poco se conoce de él más allá de lo que se revela en su breve biografía al final de algunos de sus libros. Se indica que estudió en el Mission House College y Seminario en Sheboygan, Wisconsin, y en la Universidad de Chicago. Recibió su maestría en teología del Seminario Teológico de Princeton, y "luego completó su trabajo para el doctorado en teología". No se dice de qué colegio recibió Wierwille su doctorado. Fue ordenado en el ministerio de la Iglesia Evangélica y Reformada (después, la Iglesia Unida de Cristo). En 1953, Wierwille empezó a enseñar un curso sobre "Poder para Una Vida Abundante". Después de dejar su denominación, este curso se convirtió en El Centro Bíblico del Camino, cerca de Nueva Knoxville, Ohio, la base y corazón de "El Camino" actualmente.

Enseñando "investigación bíblica" en vez de "religión", Wierwille ha hecho que "El Camino" sea un movimiento orientado a la juventud que llega a 50 Estados de la Unión y varios países más. En muchos aspectos, "El Camino" parece estarse convirtiendo en un cuerpo eclesiástico en sí mismo, creando nuevos centros de estudio y universidades, y un programa misionero agresivo. La posición teológica básica de "El Camino" se expone en los libros escritos por Wierwille.

"El Camino" y la Biblia

"El Camino" sostiene que la Biblia es literal e infaliblemente exacta como Dios la dio a sus escritores originales. La única traducción al inglés de la Biblia que se usa en "El Camino" es la Versión Autorizada del Rey Jaime I (King James Version). Por todas partes en sus libros, sin embargo, Wierwille inserta frecuentemente entre paréntesis sus explicaciones personales en las citas del texto "King James". Se dice que sus interpretaciones son extraídas del texto Peshita (Siriaco) y otros "textos orientales" que él cree que son los más confiables. Asignando varias porciones de la Biblia (El Antiguo Testamento, los evangelios, las epístolas) a diferentes "administraciones" (similares a "dispensaciones" o eras de la Biblia), Wierwille llega al mensaje bíblico para los cristianos de hoy. Al interpretar el sagrado texto, él llama la atención a varios tropos.

La naturaleza de Dios

"El Camino" rechaza inequívoca y totalmente la doctrina de la Sagrada Trinidad como se enseña en la teología cristiana histórica. Wierwille ha escrito extensamente sobre este tema (vea *Jesucristo NO es Dios*). Él usa los términos "Dios" y "Espíritu Santo" como sinónimos y no reconoce ninguna distinción de persona entre ambos (vea *Recibiendo el Espíritu Santo Hoy,* completamente). Él no acepta la existencia de Jesús antes de su concepción en el vientre de María. En *Jesucristo NO es Dios,* Wierwille declara, "En otras palabras, yo estoy diciendo que Jesucristo NO es Dios, sino el Hijo de Dios. No son coeternos, sin principio ni fin, y coiguales. Jesucristo no estaba literalmente con Dios en el principio; ni tampoco posee todos los atributos de Dios" (p. 5). Wierwille tiene alta estimación por Jesucristo, pero niega su deidad. Él escribe que podemos hablar de Jesús como eterno porque el Padre sabía desde la eternidad que Él iba a crear a Jesús (*El Camino de la Palabra*, p. 28). En *Jesucristo NO es Dios*, Wierwille omite la referencia a Juan 17:5, uno de los pasajes claros exponiendo la preexistencia de Jesucristo.

En relación a la fórmula trinitaria para el bautismo que se da en Mat. 28:19, Wierwille da a entender que estas palabras no pertenecen a la Biblia cuando escribe: "Si el mandato en Mateo 28:19 fue dado verdaderamente, entonces diez días después, Pedro ya había olvidado lo que Jesucristo le había dicho" (*La Biblia Me Lo Dice Así*, pág. 139).

Hombre, Espíritu Santo y espíritu santo

El hombre, dice Wierwille, se compone de tres partes: cuerpo, alma y espíritu. La definición de Wierwille de estas palabras es importante porque afecta la interpretación de aquellos pasajes de la Biblia que hablan del alma. El cuerpo, dice, es simplemente el cuerpo. El alma, es el principio de vida, el aliento que las plantas y los animales también poseen. Espíritu, es la imagen de Dios. Cuando un hombre muere, el alma deja de existir, ya que no hay nada inmortal en ella (*El Camino de la Palabra*, pág. 53). Cuando Adán y Eva pecaron, declara, el espíritu desapareció. Eran entonces sólo cuerpo y alma como los animales (*Poder para Una Vida Abundante*, pág. 258).

Wierwille hace una clara distinción entre Espíritu Santo y espíritu santo. En el día de Pentecostés, afirma, el espíritu santo (la imagen de Dios) se le hizo disponible al hombre como un don del Espíritu Santo (Dios). En su libro, *Recibiendo el Espíritu Santo Hoy,* Wierwille amplía la distinción entre Espíritu y espíritu, describiendo métodos por medio de los cuales el hombre puede aspirar el espíritu. Al final, la responsabilidad recae sobre el hombre: "Él es hijo de Dios por una decisión de su voluntad de creer" (pág. 238).

Una vez un creyente ha recibido el espíritu santo, se asume que dé evidencia de ello hablando en lenguas. Para ayudar a los creyentes a cumplir con esta responsabilidad, Wierwille da instrucciones de la técnica en *La Nueva Iglesia Dinámica* (págs. 122–125). Él declara que sólo hay un don dado por el Espíritu Santo (Dios); los que generalmente se conocen como los nueve dones son "manifestaciones" del único don, el espíritu santo. En respuesta a la pregunta por qué, entonces, todo creyente no muestra las nueve "manifestaciones", Wierwille explica que es porque no ha querido exhibirlas. "Como él quiere" en 1 Cor. 12:11, declara, "significa 'como cada hombre quiera'" (*Recibiendo el Espíritu Santo Hoy,* pág. 179).

Otras doctrinas

Los servicios bautismales en "El Camino" no usan agua. El bautismo con agua es rechazado como inaplicable a la presente "administración": "Decir que el agua forma parte del bautismo únicamente puede ser una interpretación privada", escribe Wierwille. Él explica la referencia de Pedro al agua en Hechos 10:47 como un error de parte de Pedro (*La Biblia Me Lo Dice Así*, págs. 135–136). Él no hace muchas referencias a la Santa Comunión en sus libros, pero sí se refiere a "el gran poder de curación física en la Santa Comunión" (pág. 86).

Puesto que el hablar en lenguas es el medio principal de "El Camino" para comunicarse con Dios, Wierwille no pone gran énfasis en la oración. Él escribe, "La Palabra de Dios es la Voluntad de Dios . . . Ya no tenemos que rezar el lastimoso 'Si es Tu Voluntad'. Sólo una persona ignorante o que desconoce la Palabra de Dios, rezará 'Si es Tu Voluntad'. El hombre que sabe la Palabra de Dios sabe cuál es la Voluntad de Dios". (*La Nueva Iglesia Dinámica,* pág. 236).

Parte de la controversia que rodea a las obras de Victor Paul Wierwille tiene que ver con enseñanzas menos fundamentales, pero enseñanzas que de todos modos tienen que ver con la interpretación de la Biblia. Por ejemplo, Wierwille enseña lo siguiente: María fue una Virgen sólo hasta que Jesucristo fue concebido, no hasta que Él nació (*El Camino de la Palabra,* pág. 168). Cuatro hombres fueron crucificados con Jesucristo, dos malhechores y dos ladrones (pág. 236). Jesucristo fue sepultado un miércoles y resucitó un sábado (págs. 187 ff.). Jesucristo no dijo en la cruz, "Dios mío, Dios mío, ¿por qué me has abandonado?" sino palabras en arameo que suenan similares a éstas, "Dios mío, para este propósito había sido reservado" (págs. 271–272). La interpretación de Wierwille de 1 Cor. 14:34–35 es que fueron "las esposas de los profetas" las que debían mantener silencio en las iglesias, toda vez que ellas "se habían estado comportando mal, degradando de este modo a sus maridos como hombres de Dios" (*Recibiendo el Espíritu Santo Hoy,* págs. 238–239).

Una evaluación

Desde la perspectiva histórica cristiana las doctrinas de "El Camino" no son nuevas. Hay, por ejemplo, similitudes entre la teología de Victor Paul Wierwille y la de Pablo de Samosata, un "dinámico monarquista" que fue obispo de Antioquía de 260 a 272 A.D. Pablo de Samosata enseñó que Dios inspiró a Jesucristo el hombre, quien fue después unido a Dios gradualmente por medio de un desarrollo moral y la "adopción" en una perfecta unidad de voluntad, pero no de sustancia. Por su mérito, continuaba, Jesucristo fue levantado de entre los muertos y exaltado a una posición de divinidad, pero no de deidad. Pablo fue excomulgado en 269, pero logró mantener su obispado por tres años más. La separación de Pablo de Samosata de la teología de la iglesia antigua fue una de las causas por las que se adoptó el Credo Niceno en 325 A.D.

A través de los siglos desde los tempranos días de la iglesia antigua, el cristianismo confesional histórico ha aceptado plenamente las palabras del Credo Niceno. En respuesta directa a teologías tales como la de Victor Paul Wierwille, el Credo Niceno afirma:

> Y creo en un solo Señor Jesucristo . . . engendrado del Padre antes de todos los siglos, Dios de Dios, luz de luz, verdadero Dios de verdadero Dios, engendrado y no hecho, consustancial al Padre, y por quien todas las cosas fueron hechas; el cual, por amor de nosotros y por nuestra salvación, descendió del cielo . . . y su reino no tendrá fin. Y creo en el Espíritu Santo . . . que procede del Padre y del Hijo, que con el Padre y el Hijo, juntamente es adorado y glorificado . . . y confieso que hay un solo bautismo para la remisión de los pecados.

Desde esta perspectiva histórica cristiana, la teología de "El Camino" se ve como en contradicción directa a las doctrinas cristianas más fundamentales—La Trinidad, incluyendo la deidad de Cristo y la persona del Espíritu Santo; la conversión, en particular la actividad del Espíritu Santo, y no "la voluntad del hombre para creer"; y la doctrina de la Escritura, incluyendo sus propias reglas de interpretación.

"El Camino" ha asumido la postura de un grupo de investigación bíblica interdenominacional más bien que una iglesia. Es imperativo, por tanto, que los miembros de las iglesias cristianas estén atentos a los pronunciamientos teológicos de "El Camino". Las clases y cursos administrados por "El Camino" no deben ser tomados como oportunidades para estudios bíblicos suplementarios para cristianos entregados a la teología confesional histórica. Es posible que la incompatibilidad básica entre la teología de "El Camino" y la de las iglesias cristianas ortodoxas no sea aparente para un investigador inmediatamente, ya que "El Camino" usa palabras y frases cristianas familiares para expresar su teología. En su libro *Jesucristo NO es Dios,* Wierwille reconoce: "Mucha gente puede equivocarse porque aunque se use el mismo lenguaje o las mismas palabras, no queremos decir lo mismo" (pág. 4).

El objeto de todas las unidades de "El Camino" es inscribir gente en cursos de "Poder para una Vida Abundante"—que consisten generalmente de doce sesiones de tres horas cada una (costo aproximado $85.00) usando libros de texto de Wierwille. Las unidades de "El Camino" están activas particularmente en los recintos universitarios.

Diferente a muchas de las "nuevas religiones 'cristianas' ", "El Camino" no aisla a sus miembros de sus familiares y amigos ni los aparta de sus colegios o trabajos. Miembros anteriores, sin embargo, dicen que hay una gran tendencia por parte de los miembros de "El Camino" a separarse de amistades que no aceptan "El Camino" y a alejarse de sus familiares por la misma razón. También dicen que cuando eran miembros de "El Camino", se sentían "presionados" para que se transfirieran a una universidad de "El Camino" o trabajaran a tiempo completo para "El Camino". Al final de 1977 "El Camino" encontró alguna hostilidad en áreas donde su presencia era resentida. Esto es especialmente cierto en Nueva Knoxville, Ohio, donde las oficinas principales de "El Camino" están ubicadas y donde Wierwille, el Domingo de La Reforma 1977, clavó una proclamación en la puerta de la Iglesia Unificada de Cristo de la cual había sido un miembro anteriormente. Ésta empezaba, con grandes letras, "JESUCRISTO NO ES DIOS, NUNCA LO FUE Y NUNCA LO SERÁ" . . .

5

La Respuesta Cristiana

La respuesta de un cristiano a las "nuevas religiones 'cristianas'" empieza con el amor de Dios en Jesucristo. "Dios muestra Su amor para con nosotros, en que siendo aún pecadores, Cristo murió por nosotros" (Rom. 5:8). A través de este evangelio, el Espíritu Santo "llama, reúne, ilumina, y santifica" a la iglesia cristiana y "la mantiene con Jesucristo en la única verdadera fe". Una marca que identifica a una iglesia cristiana verdadera es su proclamación de la Palabra de Dios pura como está revelada en la Santa Biblia sin añadiduras humanas o pretendidas nuevas revelaciones.

La proliferación de "nuevas religiones 'cristianas'" hoy día es un reto para que los cristianos estén aún más firmemente enraizados en la Escritura, creciendo en la gracia y en el conocimiento del Señor Jesucristo y dando testimonio de esa gracia con sus labios y sus vidas. La respuesta del cristiano a las "nuevas religiones 'cristianas'", entonces, está centrada en la Palabra de Dios—como la proclamación pública en la iglesia y como testimonio cristiano a aquellos que se han unido a una nueva religión y a los padres o seres amados de aquellos que se han unido.

La proclamación pública de la iglesia

La fuerza de la iglesia está en su proclamación de aquello que falta en las nuevas religiones, es decir, la distinción correcta entre la Ley y el Evangelio, los claros conceptos del pecado y la gracia en las Escrituras, la necesidad del hombre debido a su separación de Dios y la satisfacción de esta necesidad por la gracia de Dios en Cristo Jesús. Para los pastores cristianos esto significa una preparación muy cuidadosa y devota de los sermones. Significa, para todos los pastores y educadores, el uso cuidadoso del lenguaje teológico. No debe darse por descontado que porque las palabras son familiares, sus significados son comprendidos. La Iglesia no debe titubear o temer hablar sobre las reglas sin opción en la Escritura acerca de lo que constituye la vida cristiana. La iglesia debe hablar con autoridad de la suficiencia de la redención de Jesucristo y de la certeza de la promesa de Dios de perdón en Jesucristo. En todas las variadas facetas del ministerio de la iglesia, el compromiso con Cristo debe ser alimentado—no una devoción ciega al pastor, a una organización o a una congregación.

Padres, madres, profesores de escuela dominical, jóvenes, niños, funcionarios eclesiásticos, todos aquellos que confiesan el nombre de Jesucristo, deben ser desafiados a ser el pueblo de Dios, pueblo cuya conducta sea digna del evangelio de Jesucristo (Fil. 1:27).

En referencia a su programa de jóvenes, particularmente, cada congregación debería analizar sin temor y regularmente si está dirigiéndose a las condiciones que son "campo fértil" para el crecimiento de las nuevas religiones (ver cap. 1). ¿Exhiben los miembros de la congregación amistad y calor humano entre sí? ¿Se hace sentir a los jóvenes que son parte vital y de valor para la iglesia? ¿Se les da la oportunidad de ser participantes en la adoración o deben ser sólo espectadores? A qué grado se les dan oportunidades de usar sus habilidades y talentos en posiciones de confianza en la iglesia? Dado que vivimos en una era orientada a la juventud, ¿tiene la congregación el personal competente, entrenado para enfrentar las necesidades de la juventud? ¿Hay prioridades que deban ser readaptadas? Sin ser desviados a pensar sólo en términos de las nuevas religiones, es imperativo que las congregaciones cristianas vean a la juventud como la iglesia de hoy, no sólo como la iglesia de mañana.

El ministerio a aquellos que se han unido a una nueva religión

Ningún ministerio debe llevarse a cabo sin una minuciosa y devota preparación. La honestidad compele al testigo cristiano a no tomar en cuenta los rumores y determinar cuáles son los hechos concernientes a la nueva religión que le interesa. De ser posible, las fuentes primarias deben ser estudiadas lado a lado con la Biblia. En cualquier librería cristiana se puede comprar literatura que ayude. El Proyecto contra la Falsificación Espiritual, la Editorial Interuniversitaria, y muchas otras, publican material bien fundado, centrado en el evangelio.

Algunas "guías de ayuda" para aquellos que tienen la oportunidad de dar testimonio a los que se unen a una nueva religión:

1. Acérquese a ellos con un corazón expectante, habiendo encomendado su testimonio a la bondadosa influencia del Espíritu Santo.
2. Demuestre un interés genuino en la persona a quien está dando testimonio. Hay, sin duda, cosas que usted puede aprender de ellos sobre compromiso, lealtad, sacrificio y fervor.
3. Demuestre amor cristiano y paciencia, nunca condescendencia o "tolerancia", ya que toda la gente tiene igual necesidad de la gracia de Dios en Jesucristo.
4. Evite toda hostilidad, poner en ridículo, o argumentar, "cerrar la puerta".
5. Diga en sus propias palabras lo que Jesucristo significa para usted. Nadie puede recusar o "discutir" con usted sobre eso. Recalque cómo Jesucristo vino buscándolo a usted—usted no tuvo que ganar su aprobación en ninguna forma.
6. Deje que su conducta exprese su seguridad personal, su paz y gozo. Estos son los dones de Dios para usted en el Espíritu Santo.

Un ministerio a padres y seres amados

Para los padres y seres amados, la pérdida de alguien porque se ha unido a una de las nuevas religiones "puede" ser más traumática que la muerte de esa persona. Esto puede parecer una exageración, sin embargo es apoyado por la experiencia. Cuando se niega la deidad y suficiencia de Jesucristo, cuando los padres son maldecidos como "satánicos", o cuando la autoridad de las Escrituras se pone a un lado en favor de una invención humana—parece que hay poco consuelo que se pueda ofrecer y poco que se pueda hacer. Pero sí hay consuelo—y sí hay cosas que se pueden hacer:

1. ¡Esté seguro, Dios no está muerto! La oración puede y sí cambia cosas. Ore con y por aquellos que sufren.
2. Los padres no se deben condenar a sí mismos. Recuerde que un gran porcentaje de los que se unen a las nuevas religiones provienen de hogares estables, "ideales", hasta donde los seres humanos pueden proporcionarlos. La Palabra de Dios no regresa vacía . . . Lo que los padres han enseñado, bajo la dirección del Espíritu Santo, puede aún ser bendecido en formas que no se pueden imaginar en momentos de aflicción.

3. Los padres y seres amados deben saber que no están solos—hay otros como ellos con quienes pueden compartir el ministerio y la comunicación de las promesas de Dios.

4. En tiempos de tensión, a los cristianos se les insta a que no tengan temor de aquellos que los perturban, sino que en sus corazones veneren a Jesucristo como Señor (1 Pedro 3:14–15). En tal veneración, Pedro exhorta a los cristianos a que "siempre estén listos para responder a cualquiera que les pida que expliquen la esperanza que ustedes tienen, pero sean respetuosos y benignos". (v. 16).

5. Se debe evitar un desvío aún mayor de los que se han unido a una nueva religión. Hay tres actitudes "mortales" que no deben asumirse: (1) Tolerancia divertida ("Es solamente una fase por la que están pasando"); (2) Racionalización ("Es mejor que si estuvieran en las drogas"); (3) Defensiva ("Bueno, se visten mejor, son más amables . . .").

6. La puerta siempre debe mantenerse abierta, Algunos grupos mantienen a sus discípulos diciéndoles: "nunca serás aceptado de nuevo en tu casa". No deben ponerse condiciones al amor, como "Te amaremos si dejas esta tontería y regresas a casa". Ahora, más que nunca, la juventud posiblemente necesite la seguridad del amor paternal.

7. Reconozca la tontería de tenerse lástima. Jugar con las emociones de una persona o asumir un papel de mártir puede causar sólo disgusto en un joven que es sincero acerca de su nueva religión. Evite: "¿Cómo me pudiste hacer esto a MÍ?" o "¡Estás matando a tu padre con esta tontería!"

8. Deje abiertas las líneas de comunicación. Si el grupo es uno que busca mantener a sus conversos llevándoselos a lugares desconocidos, toda comunicación, nombres, direcciones, números telefónicos, se deben conservar. Ha pasado que algunos han rogado a sus padres, "vengan por mí", pero eran incapaces de describir su localización.

9. Los padres deberán estar alerta de que si el joven regresa a casa, ellos y/o el joven podrían ser amenazados, perseguidos, puestos bajo constante presión, por algunos grupos.

10. No deberá mandarse dinero. Algunos grupos usan toda clase de artimaña que pueden inventar para obtener dinero. (Otros son expertos en procurar dinero y no lo piden). Las medicinas o los cuidados médicos, si se necesitan realmente, pueden arreglarse con pagos directos de los padres al doctor o al farmacéutico.

11. Los "deprogramadores profesionales" deben ser evitados. Algunos trabajan fuera de la ley y han sido anulados por las cortes. Las tácticas utilizadas por algunos de ellos son tan traumáticas como los "lavados de cerebro" de que se acusa a algunos grupos.

12. ¡Esté informado! Una persona no debe asumir que lo que es cierto, o que se rumora que es cierto, acerca de un grupo es cierto de todos. Algunos grupos sanos de estudio bíblico han sido difamados simplemente porque alguien no había oído de ellos antes y asumió que eran "uno de los cultos".

13. Oiga la Palabra del Señor: "Mi Dios proveerá todas tus necesidades de acuerdo a sus riquezas en gloria por Jesucristo" (Fil. 4:19). Estas palabras son dichas en referencia a Aquel que nunca ha quebrantado una promesa o fallado en bendecir a aquellos que ponen su confianza en Él.

En conclusión

No le sorprenda encontrar que las expresiones de preocupación por las "nuevas religiones 'cristianas'" estén empezando a ser impopulares. En una época tolerante, tal como la época en que vivimos, hasta los más culpables de explotar a otros pueden asumir el papel de víctimas de perseguidores fanáticos, luego, ante los ojos del público volverse mártires, y finalmente, santos.

Las epístolas del Nuevo Testamento se escribieron en días semejantes a los nuestros en cuanto a los ataques al evangelio de Jesucristo. Las dos epístolas de Pablo a Timoteo, las dos epístolas de Pedro y la 1a de Juan son lectura especialmente provechosa en relación a las "nuevas religiones" de hoy. Advierten contra aquellos que rechazan la Palabra de Dios y se ponen a sí mismos como autoridades. Por eso Pedro cierra su Segunda Epístola con las palabras:

> Así que vosotros, oh amados, sabiéndolo de antemano, guardaos, no sea que arrastrados por el error de los inicuos, caigáis de vuestra firmeza. Antes bien, creced en la gracia y el conocimiento de nuestro Señor y Salvador Jesucristo. A Él sea gloria ahora y hasta el día de la eternidad. Amén.

Bibliografía

Beck, Hubert F., *Cómo Responder a. . .Los Cultos* (Serie Cómo Responder a
. . .). San Luis: Editorial Concordia, 1977.

Breese, Dave, *Conozca las Marcas de los Cultos*. Wheaton: SP Publications,
1975.

Cohen, Daniel, *Los Nuevos Creyentes* (no de una perspectiva religiosa). Nueva
York: Ballantine Books, 1975.

McBeth, Leon, *Las Nuevas Religiones Extrañas*. Nashville: Broadman Press,
1977.

Petersen, William J., *Esos Curiosos Cultos Nuevos* (Guía de estudio disponible).
New Canaan, Conn.: Keats Publishing, Inc., 1975.